::: {.banner}
美国心理学会情绪管理自助读物

成长中的心灵需要关怀·属于孩子的心理自助读物
:::

作业，再也不会忘了

帮助孩子制订和完成学习计划

Annie's Plan

Taking Charge of Schoolwork and Homework

（美）珍妮·克劳斯（Jeanne Kraus）著
（美）查尔斯·贝尔（Charles Beyl）绘
文辰 译

化学工业出版社

·北京·

Annie's Plan: Taking Charge of Schoolwork and Homework, by Jeanne Kraus, illustrated by Charles Beyl.
ISBN 978-1-59147-482-1

Copyright © 2007 by Magination Press, an imprint of the American Psychological Association.

This Work was originally published in English under the title of: **Annie's Plan: Taking Charge of Schoolwork and Homework** as publication of the American Psychological Association in the United States of America. Copyright © 2007 by the American Psychological Association (APA). The Work has been translated and republished in the **Simplified Chinese** language by permission of the APA. This translation cannot be republished or reproduced by any third party in any form without express written permission of the APA. No part of this publication may be reproduced or distributed in any form or by any means, or stored in any database or retrieval system without prior permission of the APA.

本书中文简体字版由American Psychological Association授权化学工业出版社独家出版发行。

本书仅限在中国内地（大陆）销售，不得销往中国香港、澳门和台湾地区。未经许可，不得以任何方式复制或抄袭本书的任何部分，违者必究。

北京市版权局著作权合同登记号：01-2021-4008

图书在版编目（CIP）数据

作业，再也不会忘了：帮助孩子制订和完成学习计划／（美）珍妮·克劳斯（Jeanne Kraus）著；（美）查尔斯·贝尔（Charles Beyl）绘；文辰译 . —北京：化学工业出版社，2021.10（2025.1重印）
（美国心理学会情绪管理自助读物）
书名原文：Annie's Plan: Taking Charge of Schoolwork and Homework
ISBN 978-7-122-39535-1

Ⅰ.①作… Ⅱ.①珍… ②查… ③文… Ⅲ.①学习方法－儿童读物 Ⅳ.① G791-49

中国版本图书馆CIP数据核字（2021）第157642号

责任编辑：郝付云　肖志明　　　　装帧设计：大千妙象
责任校对：王　静

出版发行：化学工业出版社（北京市东城区青年湖南街13号　邮政编码100011）
印　　装：中煤（北京）印务有限公司
710mm×1000 mm　1/16　印张4　字数50千字　2025年1月北京第1版第4次印刷

购书咨询：010-64518888　　　售后服务：010-64518899
网　　址：http://www.cip.com.cn
凡购买本书，如有缺损质量问题，本社销售中心负责调换。

定　　价：39.80元　　　　　　　　　　　　　　　　　　　　版权所有　违者必究

作业，再也不会忘了

安妮非常聪明,她能很快地把故事书看完。

她喜欢玩智力游戏。

有时，她甚至比哥哥克里斯多夫能更快地做完加减法的口算题，而她的哥哥已经上四年级了。

在学校里,安妮有很多要操心的事情,

也有很多要做的事情。

当博耶尔老师在讲古埃及的金字塔时,安妮在看窗外站在树上的一只主红雀,它有着亮红色羽毛。不知道它有没有吃饱呢?安妮想到了一个好主意!回家后,她要做一个喂鸟器。

当博耶尔老师讲到天上的云时,安妮由云想到了喷火龙喷的烟雾。她立刻用崭新的彩色铅笔,画了一只有着美丽鳞甲的喷火龙。

作文课时，安妮不停地玩着自己的手链。

把手链摘下来，

手链亮闪闪的，真好看！

把手链戴上去！

再把手链摘下来。

不好，手链被老师没收了。

当同学们都站起来交数学卷子时,安妮大吃一惊,她才刚刚开始做呢!

语文课上,同学们都在认真地读诗歌,而安妮却在找自己最喜欢的那支铅笔。她去椅子下面找,去抽屉里找,去课本里找……都没有找到。这时,博耶尔老师走过来提醒安妮翻开书,要专心地读诗歌。

"明天又是新的一天。"
博耶尔老师总是这样鼓励安妮。

新的一天！是的，安妮明天会更加努力。她会专心听课，认真地记住该做的事情，顺利完成所有的功课。博耶尔老师会认为她特别棒，爸爸妈妈也会为她感到骄傲。

可是，安妮还是会忘记把学校留的家庭作业带回家，有时甚至想不起来自己应该做哪些作业。她会说："我想，老师留的家庭作业应该是做第31页。"或者"也许今晚我没有数学作业。"

安妮的家庭作业好像永远也写不完，爸爸妈妈为此也很烦。

爸爸说："你没有做这一页的数学减法题。"
妈妈说："还有一个小作文，是让写你最喜欢的假期，你忘记写了。"
完成作业为什么这么难？安妮真的尽力了！
安妮知道自己很聪明，完成作业肯定没问题。

安妮又遇到了最糟糕的事情，早上到学校，打开书包，发现前一天的家庭作业没有放进书包里！

她敢肯定，这次她确实完成了作业！

学校学习计划

"让我们先从整理课桌开始吧!"博耶尔老师说,"以后每周五我们都要这么做。"

安妮把她的课本放在了课桌旁的架子上,并摆放得整整齐齐。这使得她的抽屉里更加干净整洁。

哇哦!大不一样!再也不用到处寻找被埋藏起来的物品了!

安妮在课桌一角粘贴了一个"现在开始"的红点,这是一个秘密提示:提醒安妮要专心学习。

博耶尔老师让奥利维亚做安妮的学习伙伴。

奥利维亚坐到了安妮的旁边,当安妮遇到问题时,奥利维亚就会帮助她。

安妮和奥利维亚还交换了电话号码,方便解决做家庭作业时遇到的问题。

4. 每日目标

每天早上，安妮首先会制订一天的学习目标。
安妮早晨到学校后很难进入学习状态。
早晨进入学习状态慢，会让她这一天学习都难以专心。
所以，她的第一个目标是：**早晨快速进入学习状态**。
安妮专门制作了一张一周提醒卡，并把它贴在课桌上。
第一周的内容是这样的：

早上学习计划

1. 从书包里拿出书本，把书包收起来。
2. 把家庭作业文件夹交给老师。
3. 取出两支铅笔和数学思维训练题。
4. 开始温习黑板上老师留下的功课。

	星期一	星期二	星期三	星期四	星期五
1	✓	✓			
2	✓	✓			
3	✓				
4	✓				

完成一项内容后，安妮就会在对应的方框里画对钩。

上课时,博耶尔老师会悄悄地对安妮挤一下眼,这是她俩之间的秘密,表示安妮今天的学习目标进展顺利。

5. 和老师交流、约定信号

博耶尔老师还会和安妮轻轻地聊几句,鼓励安妮,并告诉她哪些方面做得特别棒。

6. 安静的学习区

安妮有时会去思考区学习,这是一个同学们可以专心学习的地方。

安妮很喜欢这个安静的学习区。

7. 每日计划表

每天放学前,安妮都会把老师留的家庭作业记录在每日计划表里,并请老师检查。老师确定安妮把家庭作业全部记下后,会在上面签上自己的名字。

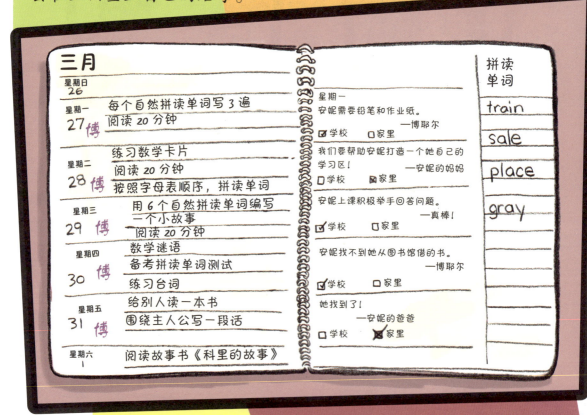

8. 家庭作业文件夹

安妮每天会把家庭作业装到一个蓝色的文件夹里,然后带回家。

每天早上到校后,安妮会和博耶尔老师讨论学习情况,并且会把装了完成家庭作业的文件夹交给博耶尔老师。

安妮去见了辅导员帕克斯老师。

帕克斯老师邀请她参加学习技能小组。

小组成员每周一都在一起吃午饭，讨论写作业的技巧，以及如何备考。

安妮知道，以后无论什么时候，当她感觉焦虑、沮丧或烦躁时，她就可以去找辅导员老师寻求帮助。

10. 奖励计划

帕克斯老师帮助安妮制订了奖励计划：

当安妮顺利完成功课，并且完成每日目标时，博耶尔老师就会给她一个笑脸图案。

当安妮得到足够多的笑脸时，她就可以去学前班里给小朋友们当阅读小伙伴，或者当博耶尔老师的助教。

安妮真的很想当助教！

家庭学习计划

安妮整理了书包，把与学习无关的东西都拿出来，书包里只有学习资料了。

安妮把铅笔都放进文具盒里，把新的笔记本活页纸放进专属的文件夹里。一本自主阅读图书放在书包的另一个拉链隔层里。

1. 整理书包

每天晚上，安妮写完作业后，父母都会帮她检查一下书包。

2. 固定的家庭作业区

就像当老师是博耶尔老师的工作一样，写家庭作业就是安妮的工作。她需要属于自己的学习空间来更好地完成工作。安妮还贴了一张纸条：请勿打扰，我正在学习！

请勿打扰，我正在学习！

一切学习物品都摆放整齐了：铅笔，橡皮，马克笔，作业纸，词典。开始写作业后，安妮就不需要再找相关的学习物品了！

规定写作业的时间

"我写作业时间是星期一到星期四的 5：30 到 6：30。"安妮说，"这个时间段我正好玩了一会儿了，而家里还没有开始吃晚饭。"

4. 请勿打扰

在写作业的这段时间里，安妮不接电话、不看电视。安妮告诉朋友们，写作业的这段时间，她没空。

5. 合理安排作业顺序

安妮和爸爸妈妈一起检查了计划表，然后决定做作业的顺序。他们把这个叫作合理排序。安妮决定把自己最喜欢的功课放在最后做。

预估完成作业的时间

安妮也预估了完成每项作业需要花费的时间。

7. 适当休息

安妮为第一项作业设置了计时器。"不到时间不休息！"她说。

时间到了以后，她又设置了5分钟的休息时间。先进行拉伸动作，然后做了10个开合跳。

休息结束后，她开始做第二项作业了。"做完数学减法题大概需要15分钟时间。"

8. 爸爸妈妈检查作业

安妮完成作业后,爸爸妈妈检查了她的作业。"哇哦!看样子你已经顺利做完所有作业了!"他们检查后,在计划表上签上了自己的名字。

准备好第二天上学的物品

安妮把所有的作业都装进蓝色的家庭作业文件夹里。

她把作业文件夹和计划表都装进背包里。

她把削好的铅笔放进文具盒里，又把文具盒放进背包里。

她检查了背包里放练习纸的文件夹。

她整理好学习的地方。"为明天上学准备好了！"她对自己说。

她把背包放进门口一个新做的箱子里，箱子上贴有"上学"的纸条。

"晚饭我们吃什么？"她斜靠在沙发上问妈妈。

 奖励

爸爸妈妈给了安妮一个大大的拥抱。
他们送给安妮一张星星贴纸,安妮把它贴在日历上。
"集齐10张星星贴纸会得到一次奖励!"

第二天,安妮把装了写好家庭作业的文件夹交给博耶尔老师。博耶尔老师微笑地朝安妮眨了一下眼睛,这是她俩之间的秘密约定。

下午要放学了,博耶尔老师这次没有说"明天又是新的一天",她说:"安妮,你今天表现得真棒!"

安妮的计划起作用了。从现在开始,每一天都会成为很棒的一天!

如何帮助孩子制订和完成学习计划

好习惯并不是天生就有的。对于那些需要提高组织能力和专注力的孩子来说，掌握学习方法和养成良好的学习习惯是一个特别艰难的挑战。

爸爸妈妈、老师或者其他教育工作者可以通过系统化的合理安排，激发孩子内在的责任心、自控力和效能感，从而帮助孩子提升组织和执行能力。下面的10个建议是从安妮的学校学习计划和家庭学习计划中提取出来的，这些简单有效的技巧和策略，是掌握学习方法和养成学习习惯，进而取得学业成功的基础。

如果你有了安妮的计划，每一天都将成为美好的一天！

学校学习计划

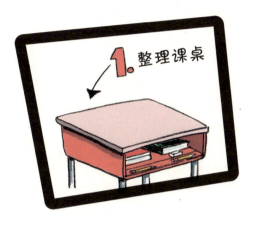

整洁的课桌能够让孩子很快找到稿纸、书本和其他学习物品。老师在学校也会强调保持课桌干净整洁的重要性。下面的方法可以帮助孩子保持课桌干净整洁。

学校每周进行的课桌检查和举行"整理课桌"比赛都是非常有效的激励措施。如果孩子们的座位是以小组为单位，那么保持课桌干净整洁的小组往往会得到老师的表扬。在这一点上，同伴压力可以激励孩子保持教室环境的整洁有序。

有一些简单有趣的方法可以帮助孩子整理学习物品。比如，采用不同颜色的文件夹来区分不同科目的学习材料，然后把文件夹放进课桌抽屉里。铅笔和橡皮可以放进带拉链的文具袋或者有盖子的文具盒里。

如果孩子的座位挨着书柜、书架或者空的课桌，那就可以让孩子把课本放在那里，课本的书脊朝外，方便查找。自己的课桌也就有了更多空间可以整理安排。

视觉提醒可以帮助孩子集中注意力，比当面提醒更能维护孩子的自尊。这个提醒可以是一张小贴纸、卡片或者课桌上的一个圆点。比如，孩子可以用这个提醒自己，进入教室后尽快打开书包，开始早读。

课堂常规提醒往往会贴在教室显眼的地方，方便所有孩子都能看到，要提醒孩子遵守课堂常规要求。

注意力不集中的孩子，上课时只有坐在老师附近，面对老师展示的课程内容，才会表现得最好。鼓励孩子多跟老师沟通自己的学习状态，学会向老师寻求帮助。比如，可以请老师在孩子注意力不集中的时候，走到孩子身边，轻轻地提醒他。

同龄伙伴的指导和帮助往往能够让缺乏条理性和专注力差的孩子受益匪浅。孩子在写家庭作业和参加阅读兴趣小组的

活动时，老师并不会一直陪伴在这些孩子身边进行指导，同伴的帮助就显得特别重要。

学习伙伴往往都非常优秀，并且乐于助人。但是，也要注意，需要帮助的孩子愿意接受学习伙伴的帮助，而学习伙伴也乐意帮助别人，没有不耐烦或者态度消极。

定期与学习伙伴交流能够让学习伙伴的帮助更有效果，学习伙伴也会没有压力，要知道，伙伴也需要正向强化，需要积极的鼓励和支持。

有些孩子学习时很难集中注意力，进入学习状态比较慢，做事也难以坚持到底。一个早晨行动计划会非常清楚地告诉他们每天进入教室后该做什么。可以把这个计划写在小卡片上，把小卡片贴在他们的课桌上。对于小一点的孩子来说，视觉提醒可以采用图片展示的方式，提示他们第一步做什么，接下来做什么，等等。这样的安排会让每天都变得美好。

一份早晨行动计划清单可以参考下面的内容：

- 轻轻地进入教室。
- 掏出背包里的学习物品，并摆放整齐。
- 把午餐放好。
- 交家庭作业。
- 取出数学笔记本，把铅笔准备好。
- 开始做黑板上的数学题。

家长和孩子一起制订日常的短期目标，可以帮助孩子提升自我管理能力。在选择目标的时候，家长和孩子可以先跟老师沟通交流，然后再一起讨论哪些方面孩子做得不够好，确定需要改进的地方。每天早晨，父母在家里要温柔地提醒和鼓励孩子实现日常目标："今天，你的目标是完成早晨的行动计划。我知道你肯定能做到！"

老师的积极回应能够促使孩子在正确的方向上继续努力。鼓励孩子跟老师讨论自己的学习目标。如果老师了解孩子的学习目标,老师就可以通过注意孩子向目标努力的方式来指导孩子的行为。老师和孩子之间的一个秘密信号,例如眨眼、竖大拇指,可以让孩子确信老师注意到了他的努力,知道自己表现得很棒。

让孩子选择在老师空闲的时候,比如课间休息、午饭时或者放学前,跟老师沟通和交流,一是能够维护孩子的自尊心,二是方便老师提供相应的指导。

经常鼓励孩子能够激励孩子不停地朝着目标努力。鼓励和表扬孩子应该落实到具体行为。比如,"你真棒!"这句话并没有具体指出你表扬孩子哪个方面做得好,"你今天记得按时把家庭作业交给老师,你做得真棒!"这种对孩子具体行为的表扬对孩子更有激励作用。

有些孩子坐在同学身边时容易分心,但是如果这些孩子与同学长时间分开,独自坐在一边,他们也难以克服上课"开小差"的行为。孩子需要自己学会克服上课分心走神的方法,学会自律。

可以跟老师沟通,请求老师安排自律性强的同学作为孩子的同桌。此外,学校图书馆和自习室都是可以随时独处学习的安静区。当孩子需要静下心来学习的时候,可以让孩子去这些地方学习。

如果孩子需要静心的时候,让孩子跟老师说一下,老师同意后再去安静区。

每日计划表是最有效的沟通工具之一。它本质上也是家庭和学校交流的

重要部分。很多学校会为一年级到五年级的学生提供每日计划表。

持续不断地使用计划表才会有效。理想情况下，每天放学前，每项家庭作业需要的时间都应该被安排好。同时，老师会讲解或者演示每项作业的具体要求，学生则把要求记录在自己的计划表里。这个过程可以帮助孩子解决一些家庭作业的问题：

- 老师会给孩子展示计划表具体应该是什么样子的。比如，老师用投影仪展示计划表的内页。孩子要学会怎么用计划表。
- 在老师讲解并示范每项作业的要求时，孩子要把作业的关键要求标记出来。
- 如果计划表里有抄写生字的作业，那么计划表里要有这些生字，而且要确保计划表里的生字都是正确的，最好把这些生字都打印好。如果出现错误的生字，孩子可能会学习一周的错误字词。

当孩子放学回家，完成作业后，家长就可以检查一下孩子的作业计划表，漏掉或者没完成的作业可以在计划表里标出来。

每日计划表是家长了解孩子在学校情况的重要工具。坚持使用每日计划表对孩子和家长都非常重要。很多老师会在计划表里写一些家长需要注意的事项，并且希望能够得到家长的回应。每天早上检查计划表时，老师如果看到了家长的回复，就知道家长看过孩子的计划表了。有了每日计划表，孩子，老师和家长都能了解家庭作业情况，并为此而共同努力。

　　有些学校会要求孩子准备特定的文件夹用来装家庭作业，让孩子每天都带回家。这个文件夹的一边会装可以放在家里的文件，比如给家长看的注意事项，学生的成绩单等，另一边会装要求带回学校的文件，比如需要家长签字的回执，老师留的家庭作业等。老师和家长可以在学校开放日或家长会时一起回顾孩子的整个家庭作业情况。

用固定的文件夹和分类方法来整理和携带家庭作业和其他学校资料是非常不错的自我管理方式。如果孩子养成了每天按时把文件夹带到学校再带回来的习惯,那么忘记带作业或者漏写作业的问题就会减少很多。

要让孩子知道,并不是只有他一个人才会有自我管理的问题,别的孩子也有这些问题。可以让孩子参加一个人数不多的学习小组,有助于提升他的自信心和自尊感。

学习小组一般由辅导员或者课代表负责,老师协助。一般而言,学习小组通常由五六名学生组成,他们每周会开一个小会,商量如何安排家庭作业的计划,以及写作业的次序,并学习如何更高效地管理时间,还会在专门老师的帮助下做家庭作业。在会议结束后,孩子们会被要求思考这样的问题:

- 今天你都做了什么？
- 你是如何帮助自己的？
- 明天你想改变哪些地方？

学习小组对放学后提供延长辅导学生服务的学校非常有效，比如，可以安排一项活动，让辅导员或高年级的小伙伴跟孩子们一起讨论家庭作业。给孩子一点帮助，往往会有意想不到的大收获。

学校的辅导员可以为学生的个性化需求提供帮助。你可以和老师、辅导员一起商量一下，为孩子制订个性化的奖励计划。

这份计划会记录每天孩子获得的成就,以及需要掌握的具体技能,比如,"带齐家庭作业""合理安排时间""准备好需要的文具",等等。每天成功地完成一项任务后,孩子就可以获得一个分数,可以用星星、贴纸或笑脸图来表示。每周结束时,根据获取的分数,孩子就能得到对应的奖励。

奖励可以是与特别的成年人一起吃午饭,还可以是贴纸,铅笔和证书。随着孩子的进步越来越大,还可以获得更大的奖励,比如在美术教室、图书馆、餐厅当志愿者。虽然大多数孩子都喜欢帮助别人,但是那些不能按时完成作业的孩子通常不会被选中当志愿者,当这些孩子变得更有责任感的时候,我们要允许他们去帮助别人,这会强化他们的行为,让他们更加积极地管理自己。

家庭学习计划

书包就好像一个从家里到学校来回运送物品的交通工具。一个干净整洁的书包能够帮助孩子管理好家庭作业、图书、文具，连接好家里和学校两边。当书包整洁时，孩子就不会出现短缺学习用品、丢家庭作业、忘记带重要的学习资料（比如忘带每日计划表）等问题。

每周都要定期整理书包，可以跟孩子一起固定一天中的某个时间段用来做这件事，坚持下去，就能帮助孩子养成整理书包的习惯。在孩子整理书包的时候，家长也可以整理自己的手提包或者钱包！下面是一些帮助孩子整理书包的方法。

在孩子第一次或者前两次整理书包的时候，家长可以给孩子示范如何整理书包。让孩子知道，每样物品都应该有属于自己的地方。下次整理书包时，家长就在一边看着，让孩子自己整理书包。

在家里贴一张基本学习用品的清单。每周整理书包的时候，孩子可以对照这份清单检查要带到学校的学习用品。家长在家里准备好备用的学习用品，以方便及时补充用完的学习用品。

"物有所归，物尽其用"应该成为孩子的座右铭。散落的资料要整理在文件夹里，铅笔、橡皮等零碎的学习用品要放在文具盒或者文具袋里。

如果学校不提供文件夹，自己也要在书包里准备一个家庭作业文件夹。在低年级时，一个文件夹可以装下所有科目的作业。到高年级后，孩子们也许需要用不同颜色的文件夹装不同课目的作业，或者用不同颜色标记不同科目作业的活页文件夹。不要把家庭作业折叠后夹在课本里。

书包只能用来装与学习有关的物品。游戏和个人物品放进书包不仅会让书包很凌乱，而且会分散孩子的注意力。这些与学习无关的物品应该放在家里。孩子如果需要带食物和水的话，可以把它们放在别的包里或午餐盒里。

一个固定的家庭作业区能够帮助孩子养成写作业的良好习惯。如果孩子在没有家长监督的情况下也能很好地完成作业，那么可以让孩子在卧室的书桌上写。如果孩子需要家长监督才能写好作业，那么可以让孩子在厨房或者餐厅的桌子上写。如果孩子写作业的时候希望家长在身边，那么厨房和餐厅也是不错的地方，这些地方让孩子感觉更放松，你可以在他们写作业的时候慢慢鼓励孩子学会独立自主地学习。重要的是，孩子每天写作业的地方要固定，所有的学习用品都放在手边，这样子孩子不容易分心。

帮助孩子把需要的学习用品都放在一个盒子里，孩子在学习期间就不会因为要找学习用品而分散注意力。常用的学习用品包括卷笔刀，铅笔，橡皮，尺子，圆规，胶水，计时器，练习本，便签本，马克笔，胶带，剪刀，订书机和书签。

在孩子写作业的地方，还要准备好一本字典，以及孩子可能需要用到的其他参考书。

在孩子学习的地方，贴一张纸条："请勿打扰！"

孩子在学习区的时候要避免分心。家里电视要关掉,年幼的孩子去别的地方玩耍,打电话和聊天的声音要尽可能低。不过,有的孩子听着轻松柔和的古典音乐或者纯音乐学习,要比在安静的环境下学习效率更高。你可以带着孩子尝试一下,找到适合孩子高效学习的方式。

就像安排足球训练和音乐练习一样,你可以通过常规化的安排,把写家庭作业的时间放在首位。让孩子每天都在固定的同一时间开始写家庭作业,并根据孩子所在学校的年级和家庭作业量,给孩子安排适当的时间。你可以和老师沟通一下,看看孩子通常一天要花多少时间才能写完家庭作业。

哪个时间段最适合孩子写作业呢?你可以观察一下孩子在放学后、放学玩了一会儿后或者晚饭后的表现。每个孩子高效学习的时间段都不一样。

不要安排与孩子写作业时间有冲突的家庭活动,让孩子明白,家庭作业始终要放在第一位的。如果你把孩子的家庭作业放在首位，孩子也会这么做。有时候，孩子要参加有意义的活动，比如运动会，可能就需要改变写家庭作业的时间。那么，只有非常重要的活动，你才可以同意改时间。无论何时，你都要让孩子明白，家庭作业是他最重要的事情。

如果有一天，孩子放学回来说"我在学校把家庭作业写完了，没有作业了"，那么之前的写作业时间还要继续作为孩子学习的时间。有的孩子在学校会匆匆把作业写完，这样他们放学后就可以尽情玩了。你要让孩子明白，如果他们做完了家庭作业，那么在写家庭作业的时间，他们可以自由阅读，或者做数学练习题。

如果你发现孩子写家庭作业的时间比预估的时间要长，或者比老师期望的时间长。你可以找孩子、老师聊聊，一起找出问题所在，并找到解决问题的办法。

尽可能地减少干扰是重视家庭作业时间的表现之一。孩子可以提前让朋友们知道自己在写家庭作业时是不可以做其他事情的。你要跟

孩子达成一致意见,只有写完作业后才能接电话或者去开门。

如果家里有更小的孩子,在大孩子写作业的时候,可以让他去小睡一会儿,或者在远离家庭作业区域的地方安静地玩会游戏。如果家里有大一点的孩子,那么在其他孩子写作业的这个时间段,大一点的孩子可以出去玩或者帮忙做家务。可以根据自己的家庭情况,灵活安排。

最后,在孩子写作业之前,应该提前让孩子休息一下,吃点零食,喝点水。

给作业排序也是家庭作业计划的一部分,你可以问问孩子下面的问题,来帮助孩子合理安排作业顺序。

- 今晚有哪些作业要做？
- 哪项作业可以延迟到下周再交？
- 哪项作业是最难的？
- 哪项作业是自己最喜欢的？
- 哪项作业需要花费的时间最长？

这些问题的答案会帮助孩子决定先做什么，后做什么。如果先做比较难的作业，最后做自己喜欢的作业，那么所有作业都有可能会完成。不过，每个孩子的情况都不一样。有的孩子在做了一个比较难的作业后，会更有动力去做剩下的作业；有的孩子则会先做简单的作业，让自己先有成就感。多观察孩子一段时间，就能了解孩子怎样才能更好地完成作业。

用每日计划表里的作业列表，给孩子演示一下如何按照完成作业的顺序为作业编号，然后把顺序的编号标在计划表里。任何一项不用马上就交的作业应该每天都记下来，直到截止日期的那一天。

如果孩子需要，你就继续帮助孩子给作业排序。你可以让孩子先回答前面所列的问题，然后帮他给各项作业排序。

在三年级左右的时候，孩子可以通过预估每项作业完成的时间来逐渐养成独立完成作业的习惯。让孩子先预估一下完成每项作业需要花费的时间，然后写在计划表上。孩子用铅笔在每项作  业的旁边标注时间，通过设定目标来管理学习时间，这也有助于提升孩子的行为管理能力。

就实际而言，合理地预估时间能帮助孩子决定如何优先安排自己的日常作业。在完成一项需要花费较长时间的作业时，如一篇报告或科研调查，预估时间也是一个很好的工具。

孩子一般都喜欢使用计时器。让他们设置计时器，看看他们实际完成作业的时间和预估的时间相差多少。要提醒孩子，预估时间需要多加练习，这样预估的时间才会越精确。

让孩子挑战一下自己！看看能否在规定时间内认真地完成一项作业。要让孩子明白，完成作业的速度并不是我们想要的行为，相反，我们的目标是养成专心学习的习惯和提升自我计划能力。

期望孩子长时间地专心写家庭作业是不现实的。如果没有休息时间，小学生可能会变得焦躁不安，粗心大意，神思恍惚，注意力不集中。休息时间也应该纳入制订的作业时间计划内，尤其是家庭作业时间超过30分钟。有计划的休息不仅能让孩子学习更加专心，而且也能给孩子一种自我控制感。

当孩子排好自己写作业的顺序，并且标记在计划表中时，他们就可以计划一下什么时候来一次简短的休息时间，做做伸展运动。每个孩子的情况都不一样，家长可以帮助孩子学会安排休息时间。可以让孩子多次尝试，看看他在休息前能专心学习多长时间，再来决定休息时间。小一点或好动的孩子可能在完成每项作业后都需要休息，到二年级的时候，大多数孩子能专注学习15~20分钟。

休息时间应该只有四五分钟。卷腹运动和手指操也是非常好的休息方式，能够让孩子重新集中精力，去做下一项作业。

在孩子写完家庭作业后，你要给孩子检查作业，让孩子知道你很重视他写作业的成果。

检查孩子作业要认真。孩子写的标题是否合适？遵照老师的要求了吗？所有的作业都写完了吗？读得通顺吗？句子写完整了吗？单词拼写正确吗？

让孩子每天都把写好的家庭作业放在固定的地方，放好后你再去检查。如果父母不是每晚都检查孩子的作业，那么孩子家庭作业的整体水平肯定会下降。父母要把检查孩子的家庭作业当成每晚的常规动作，这么做也能让你随时发现孩子在学校可能遇到的问题。

检查完作业后，家长要在孩子的每日计划表上签字，表明家长已经检查了孩子的家庭作业。如果有任何问题，你可以通过计划表与老师联系沟通。老师也很希望家长能够参与到孩子的学习中来。沟通和交流也能帮助你解决一些孩子在家庭作业上的困惑。

孩子一大早就手忙脚乱地找家庭作业、书包、课本，让人抓狂的早晨可怎么办？无论对孩子还是对家长而言，这样的早晨都不是开启一天的正确方式。

当孩子做完家庭作业，并且你也给他检查完作业后，你就要尽快帮助孩子为明天上学做好准备了。一个好的方法是，你可以给孩子列一张晨间检查清单，让孩子自己负责整理。可以将这张晨间检查清单贴在孩子写家庭作业的地方。晨间检查清单的内容一般包括：

- 把家庭作业放进专属的家庭作业文件夹里。
- 把家庭作业文件夹装进书包里。
- 把每日计划表装进书包里。
- 把课本装进书包里。
- 把文具盒装进书包里。
- 检查练习纸是否够用。
- 明天去图书馆吗？带上需要还的书。
- 明天有体育课吗？带上运动鞋。

在家门口准备一个专用的盒子或箱子，用来装书包和其他第二天需要的学校用品。一天的开始，应该是从容不迫，开心快乐的！

在家里，奖励计划是让学龄儿童养成按时写作业的习惯，学会自我管理，承担责任的重要方式。如果孩子把检查清单上的所有事情都做完了，你可以奖励孩子，简单一点的奖励可以是一个小星星的贴纸。

这个检查清单通常包含下面的事项：

✏ 按时写作业。
✏ 完成计划表上的所有作业。

- 整理学习区。
- 把书包放在门口。

清单还可以包含其他的相关事项，如：

- 按时准备好去上学。
- 阅读 20 分钟。

当孩子长大后，这个清单还会更加复杂。

每天成功完成清单上的所有项目后，孩子就可以获得一个星星贴纸。当积累到一定数量（比如 7 到 10 个）后，孩子就会获得一份奖励。给孩子最好的奖励就是家长的陪伴和特别的关注，比如做一顿孩子最喜欢的晚餐，和爸爸玩一次游戏，买他喜欢的系列图书中新出的一本书，去朋友家过夜等。最好不要带孩子去逛玩具店。你可以和孩子一起谈谈他认为最有意义的奖励，然后一起列一张奖励清单。

重在练习

　　学校功课和家庭作业的价值是既要重视结果，也要重视过程，让孩子在这个过程中养成有责任心、有条理性和自我激励的良好习惯。

　　认真按时地完成学校功课和家庭作业能够发展孩子的技能，这些技能是他们成为独立自主和积极向上成年人的必备技能。

　　让孩子懂得习惯和能力并不会突然养成，而是需要时间和不断练习。随着孩子长大，他们也会不断提升独立完成功课和作业的能力。这就是我们的目标。

　　合作沟通非常重要。当老师和家长一起努力时，学生是最大的受益者。父母和老师如果能够积极地与学生沟通交流，并为孩子制订强有力的组织计划，就会鼓励孩子养成自主学习的能力。当家长和老师都在为孩子养成自主学习习惯而努力时，他们也在培养着孩子对终身学习的热爱。